LOI
relative aux Accidents
dont les Ouvriers sont victimes
dans leur Travail

*Adoptée par le Sénat dans la séance du 19 Mars 1898
et par la Chambre des Députés dans la séance du 26 Mars 1898
promulguée le 9 Avril 1898*

MÉMOIRE

Présenté par M. J.-L. RICOU

INSPECTEUR D'ASSURANCES

MARSEILLE
TYPOGRAPHIE ET LITHOGRAPHIE BARLATIER
19, Rue Venture, 19

1898

Pièce
4° F
943

LOI

relative aux Accidents
dont les Ouvriers sont victimes
dans leur Travail

Adoptée par le Sénat dans la séance du 19 Mars 1898
et par la Chambre des Députés dans la séance du 26 Mars 1898
promulguée le 9 Avril 1898

MÉMOIRE

Présenté par M. J.-L. RICOU

INSPECTEUR D'ASSURANCES

MARSEILLE

TYPOGRAPHIE ET LITHOGRAPHIE BARLATIER

19, Rue Venture, 19

1898

LOI RELATIVE AUX ACCIDENTS

dont les Ouvriers sont victimes dans leur travail

ADOPTÉE PAR LE SÉNAT DANS LA SÉANCE DU 19 MARS 1898
ET PAR LA CHAMBRE DES DÉPUTÉS DANS LA SÉANCE DU 26 MARS 1898
PROMULGUÉE LE 9 AVRIL 1898

MÉMOIRE

Présenté par M. J.-L. RICOU

INSPECTEUR D'ASSURANCES

Messieurs les Industriels de Marseille,

La loi votée par le Sénat et la Chambre des députés, en faveur des ouvriers victimes d'accidents dans leur travail, crée une situation grave et difficile pour l'industriel.

Dorénavant, la responsabilité civile du patron ne sera plus en jeu (ou du moins ne pourra être invoquée qu'au cas très rare de faute inexcusable du patron). Nos législateurs ont voulu faire une loi forfaitaire, pour ainsi dire.

D'après la jurisprudence antérieure à la loi actuelle, le patron était responsable de ses fautes, comme aussi l'ouvrier n'avait droit à aucune indemnité lorsque l'accident était dû à son imprudence, ou à sa maladresse.

C'est donc en présence de ces deux situations que nos législateurs se sont trouvés. Ils ont fixé le forfait professionnel, pour base à la loi.

La loi qui vient d'être votée dit :

Article 1er. — Les accidents survenus par le fait du travail, ou à l'occasion du travail, aux ouvriers et employés occupés dans l'industrie du bâtiment, les usines, manufactures, chantiers, les entreprises de transport par terre et par eau, de chargement et de déchargement, les magasins publics, mines, minières, carrières, et, en outre, dans toute exploitation ou partie d'exploitation dans laquelle sont fabriquées ou mises en œuvre des matières explosibles ou dans laquelle il est fait usage d'une machine mue par une force autre que celle de l'homme ou des animaux, donnent droit au profit de la victime ou de ses représentants, à une indemnité à la charge du chef d'entreprise, à la condition que l'interruption de travail ait duré plus de quatre jours.

Art. 3. — Dans les cas prévus à l'article 1er, l'ouvrier ou l'employé a droit :

« Pour l'incapacité absolue et permanente, à une rente égale aux deux tiers de son salaire annuel ;

« Pour l'incapacité partielle et permanente, à une rente égale à la moitié de la réduction que l'accident aura fait subir au salaire ;

« Pour l'incapacité temporaire, à une indemnité journalière égale à la moitié du salaire touché au moment de l'accident, si l'incapacité de travail a duré plus de quatre jours et à partir du cinquième jour ;

« Lorsque l'accident est suivi de mort, une pension est servie aux personnes ci-après désignées, à partir du décès, dans les conditions suivantes :

« A. — Une rente viagère égale à 20 0/0 du salaire annuel de la victime pour le conjoint survivant non divorcé ou séparé de corps, à la condition que le mariage ait été contracté antérieurement à l'accident.

« En cas de nouveau mariage, le conjoint cesse d'avoir droit à la rente mentionnée ci-dessus ; il lui sera alloué, dans ce cas, le triple de cette rente à titre d'indemnité totale.

« B. — Pour les enfants, légitimes ou naturels, reconnus avant l'accident, orphelins de père ou de mère, âgés de moins de seize ans, une rente calculée sur le salaire annuel de la victime à raison de 15 p. 0/0 de ce salaire s'il n'y a qu'un enfant, de 25 p. 0/0 s'il y en a deux, de 35 0/0 s'il y en a trois, et de 40 p. 0/0 s'il y en a quatre ou un plus grand nombre.

« Pour les enfants orphelins de père et de mère, la rente est portée, pour chacun d'eux, à 20 p. 100 du salaire.

« L'ensemble de ces rentes ne peut, dans le premier cas, dépasser 40 p. o/o du salaire, ni 60 p. o/o dans le second.

« C. — Si la victime n'a ni conjoint ni enfants dans les termes des paragraphes A et B, chacun des ascendants et descendants qui était à sa charge recevra une rente viagère pour les ascendants et payable jusqu'à 16 ans pour les descendants. Cette rente sera égale à 10 p. o/o du salaire annuel de la victime, sans que le montant total des rentes ainsi allouées puisse dépasser 30 o/o.

« Chacune des rentes prévues par le paragraphe C est, le cas échéant, réduite proportionnellement.

« Les rentes constituées en vertu de la présente loi sont payables par trimestre; elles sont incessibles et insaisissables.

« Les ouvriers étrangers, victimes d'accidents, qui cesseront de résider sur le territoire français, recevront pour toute indemnité un capital égal à trois fois la rente qui leur avait été allouée.

« Les représentants d'un ouvrier étranger ne recevront aucune indemnité si, au moment de l'accident, ils ne résidaient pas sur le territoire français. »

Art. 4. — « Le chef d'entreprise supporte en outre les frais médicaux et pharmaceutiques et les frais funéraires. Ces derniers sont évalués à la somme de 100 fr. au maximum.

« Quant aux frais médicaux et pharmaceutiques, si la victime a fait choix elle-même de son Médecin, le chef d'entreprise ne peut être tenu que jusqu'à concurrence de la somme fixée par le juge de paix du canton, conformément aux tarifs adoptés dans chaque département pour l'assistance médicale gratuite. »

Art. 9. — Lors du règlement définitif de la rente viagère, après le délai de révision prévu à l'article 19, la victime peut demander que le *quart* au plus du capital nécessaire à l'établissement de cette rente calculé d'après les tarifs dressés pour les victimes d'accidents par la Caisse des retraites pour la vieillesse, lui soit attribué en espèces.

« Elle peut aussi demander que ce capital, ou ce capital réduit du quart au plus, comme il vient d'être dit, serve à constituer sur sa tête une rente viagère reversible, pour moitié au plus, sur la tête de son conjoint. Dans ce cas, la rente viagère sera diminuée de façon qu'il ne résulte de la reversibilité aucune augmentation de charges pour le chef d'entreprise.

« Le Tribunal, en chambre du Conseil, statuera sur ces demandes. »

Art. 25. — « Pour la constitution du fonds spécial de garantie, il sera ajouté au principal de la contribution des patentes des industriels visés par l'article 1er, quatre centimes additionnels. Il sera perçu sur les mines une taxe de 5 centimes par hectare concédé.

« Ces taxes pourront, suivant les besoins, être majorées ou réduites par la loi de finances. »

Art. 27. — « Les Compagnies d'assurances mutuelles ou à primes fixes contre les accidents, françaises ou étrangères, sont soumises à la surveillance et au contrôle de l'Etat et astreintes à constituer des réserves ou cautionnements dans les conditions déterminées par un règlement d'administration publique.

« Le montant des réserves ou cautionnements sera affecté par privilège au paiement des pensions et indemnités.

« **Les Syndicats de garantie seront soumis à la même surveillance et un règlement d'administration publique déterminera les conditions de leur création et de leur fonctionnement.**

« Les frais de toute nature résultant de la surveillance et du contrôle seront couverts au moyen de contributions proportionnelles au montant des réserves ou cautionnements, et fixés annuellement pour chaque Compagnie ou association par arrêté du Ministre du Commerce. »

Art. 28. — « Le versement du capital représentatif des pensions allouées en vertu de la présente loi ne peut être exigé des débiteurs.

« Toutefois, les débiteurs qui désireraient se libérer en une fois pourront verser le capital représentatif de ces pensions à la Caisse nationale des retraites qui établira à cet effet, dans les six mois de la promulgation de la présente loi, un tarif tenant compte de la mortalité des victimes d'accidents et de leurs ayants-droit.

« Lorsqu'un chef d'entreprise cesse son industrie, soit volontairement, soit par décès, liquidation judiciaire ou faillite, soit par cession d'établissement, le capital représentatif des pensions à sa charge devient exigible de plein droit et sera versé à la Caisse nationale des retraites. Ce capital sera déterminé au jour de son exigibilité, d'après le tarif visé au paragraphe précédent.

« Toutefois, le chef d'entreprise ou ses ayants-droit peuvent être exonérés du versement de ce capital, s'ils fournissent des garanties qui seront à déterminer par un règlement d'administration publique. »

Art. 33. — La présente loi ne sera applicable que trois mois après la publication officielle des décrets d'administration publique qui doivent en régler l'exécution.

Il est aisé de voir, que cette loi a des conséquences énormes pour l'industriel, dont elle augmente considérablement les charges.

En effet, on peut prévoir que les Compagnies d'assurances à primes fixes, ou mutuelles, arriveront à tripler ou à quadrupler leurs tarifs, pour faire face aux indemnités que la loi nouvelle met à leur charge, car elles auront le plus grand intérêt à ne pas laisser diminuer le cours actuel de leurs actions, ainsi que les dividendes qu'elles distribuent à leurs actionnaires.

Il est facile de comprendre, que les Compagnies, entravées par une concurrence redoutable, n'ont pu maintenir l'assurance dite collective, que dans l'espoir d'une majoration considérable de tarifs, résultant de la nécessité imposée aux patrons, par la loi nouvelle, de s'assurer contre les accidents survenus à leurs ouvriers.

Dans ces conditions, l'imminence et la nécessité d'un relèvement considérable des tarifs sont évidents.

Il est même à craindre, disait M. le Ministre du commerce (page 2229 de l'officiel, 1re colonne), comme cela s'est déjà produit, que l'industrie soit livrée à des entreprises syndiquées qui pourraient tenir la dragée haute.

Ces craintes, nos législateurs les ont éprouvées en discutant la loi nouvelle, lorsqu'ils ont considéré les lourdes charges qu'elle imposait à l'industriel, qui, pour y parer, n'aurait en face de lui que des Compagnies anonymes, toutes prêtes à exploiter la situation. Mais ces craintes apaisées par les résultats magnifiques obtenus par certaines corporations industrielles, réunies en mutualité, nos législateurs ont espéré que ces dernières triompheront aisément de l'exploitation des Compagnies anonymes, qui ont vu leurs actions tripler et quadrupler.

La loi nouvelle ne permet pas aux Compagnies anonymes et aux Sociétés mutuelles d'établir un tarif exact et irréprochable : elle offre trop d'imprévus, et l'expérience amènera forcément, pour l'établissement des primes, des modifications de tous genres, dans les obligations du patron vis-à-vis des ouvriers, victimes d'accidents, modifications dont nos législateurs reconnaîtront l'utilité.

Reportez-vous au paragraphe 2 de l'alinéa B de l'article 3, et vous trouverez tout un inconnu de statistique à ce jour. Reportez-vous encore à l'alinéa C de l'article 3, à l'article 9, à l'article 28, autant d'inconnus. De là, impossibilité tant pour les Sociétés Anonymes que pour les Sociétés Mutuelles, d'établir une prime exacte. Et si les conséquences de la loi doivent être désastreuses pour les unes comme pour les autres, dans les premières, la situation des assurés serait pire que dans la seconde, car la liquidation des sociétés anonymes a présenté souvent, pour ne pas dire toujours, bien des déceptions au liquidateur judiciaire, lorsqu'il a fallu faire des appels de fonds à des actionnaires plus ou moins solvables. Avec la mutualité on n'a eu au contraire, en cas d'insuffisance du fonds de garantie, qu'à réduire les indemnités au centime le franc.

Mais je ne m'étendrai pas davantage sur ce point, qui formera un article spécial dans les règlements d'administration publique, je suis certain, d'ailleurs, que ces règlements seront tout en faveur de la mutualité ; car, je le répète, le Gouvernement, en prévision des charges que cette loi va faire peser sur l'industriel, a songé à en diminuer les conséquences ; et, par les exemples de sociétés mutuelles qu'il a cités, il a laissé entrevoir cette pensée que dans l'avenir ces sociétés doivent être la garantie des industriels.

En effet, dans la discussion générale du 3 mars, M. Thévenet, rapporteur au Sénat, s'exprimait ainsi :

Lorsque le chef d'entreprise sera assuré à une Compagnie à primes fixes, la Compagnie d'assurances à primes fixes, prenant son lieu et place, sera dans l'obligation de servir la pension. Mais pour que ces Compagnies puissent offrir à l'ouvrier toute garantie, il fallait qu'elles fussent étroitement surveillées par l'Etat. Nous avons édicté cette disposition que l'Etat les surveillerait à l'aide d'un règlement d'administration publique qui fixerait le montant des réserves à exiger de ces Compa-

gnies d'assurances, si elles sont françaises, ou bien le montant des cautionnements, si elles sont étrangères.

Le chef d'entreprise peut enfin s'assurer à des mutuelles ou faire partie de syndicats de garantie. Ici, Messieurs, l'Etat n'a point à intervenir pour fixer des réserves ou des cautionnements, car la meilleure garantie pour l'ouvrier sera précisément la solidarité de tous les membres qui composent soit ces syndicats, soit les mutuelles.

L'Etat aura simplement, par un réglement d'administration publique, à fixer les statuts types de ces syndicats et de ces mutualités, et l'ouvrier sera garanti contre l'insolvabilité du chef d'entreprise par la solidarité de tous ceux qui composent les syndicats de garantie ou les mutualités.

Tel est, Messieurs, le système auquel nous avons cru devoir nous arrêter, d'accord avec le Gouvernement.

Sénat. — Séance du 3 mars 1898, 1re colonne.

M'étant écarté un moment de mon sujet, j'y reviens.

Je disais que la loi actuelle subirait, dans l'avenir, des modifications ; que les Compagnies et les Mutuelles remanieraient leurs tarifs et j'en donnais les raisons. J'en ajouterai encore quelques-unes.

En Allemagne, fonctionne, depuis 1884, une loi qui, si elle n'est en tous points semblable à la nôtre, a, tout au moins, avec elle une grande analogie. Chaque année le Reichstadt apporte des modifications de tous genres dans les applications et les dispositions de la dite loi, et les primes vont sans cesse en augmentant. J'ajouterai même, que contrairement aux prévisions du Reichstadt, qui espérait obtenir, grâce à la loi de 1884, une diminution dans le nombre des accidents, les statistiques allemandes signalent une constante progression ascendante.

A quoi attribuer ce résultat ?

Beaucoup d'ouvriers exploitent le bénéfice de la loi nouvelle. Ils usent de toutes les facilités qu'elle leur donne. Il en sera de même en France, nous aurons à lutter contre les mêmes abus. Beaucoup de prétendues victimes, après avoir obtenu l'indemnité définitive qui leur est allouée (soit trois ans après l'accident), jetteront en l'air leurs béquilles, reprendront l'exercice de leurs membres et leur ancienne activité.

L'avenir, l'expérience apporteront donc forcément dans l'application de la loi nouvelle de nombreuses transformations et les Compagnies ou les Mutuelles devront modifier du tout au tout leurs tarifs.

L'industriel se trouve désormais en présence d'une situation grave et difficile.

Vous me répondrez : les Compagnies d'assurances, nous appliqueront le tarif qu'elles jugeront convenable et nous subirons les conditions qu'elles nous imposeront, parce que nous ne pouvons rester sous le coup de la loi.

C'est exact, si vous leur laissez le monopole. Mais reportez vous au nouveau tarif qu'appliqueront ces Compagnies. Il sera certainement trois ou quatre fois plus élevé que la tarif actuel. Conclusion : **augmentation considérable des charges de l'industriel, qui se verra encore menacer d'une majoration imminente des tarifs.**

Cette situation m'amène forcément à considérer et envisager l'institution de la Mutualité.

Or, nous trouvons dans les Sociétés anonymes et dans les Sociétés mutuelles, deux points semblables : primes et sinistres.

Si les Sociétés anonymes peuvent vivre, pourquoi n'en serait-il pas de même des Mutuelles ?

A cela on me répondra que l'expérience prouve justement le contraire. On constate la disparition des Mutuelles, tandis que les Compagnies anonymes ont subsisté. Cela n'est pas exact. D'abord je ferai remarquer que beaucoup de Sociétés mutuelles ont une existence de plus d'un demi-siècle. Puis je répondrai que si des Sociétés mutuelles ont disparu, il en a été de même des Sociétés anonymes. En effet, depuis 1874 on en a vu disparaître quatorze au moins, formant ensemble un capital social de 52.000.000 de francs ; et une dont le seul capital s'élevait à 50.000.000. Il n'est pas à prévoir un terme prochain à cette décadence.

Recherchons en la cause.

Si ces Compagnies ont disparu c'est que toutes, tant les anonymes que les mutuelles, dans un esprit de lucre, guidées par l'intérêt personnel, ont voulu faire de l'assurance au rabais. De là un choix détestable des risques.

Personne ne me contredira sur ce point.

Je pose donc en principe que toute Société, administrée avec économie et sagesse, qui applique le tarif, sait choisir ses risques, doit vivre ; et je n'en veux pour preuve que l'exemple cité plus haut des Compagnies dont nous nous occupons.

Toutefois les Sociétés mutuelles doivent donner de meilleurs résultats que les Sociétés anonymes : toutes deux placées d'ailleurs dans les mêmes conditions.

Pourqmoi ?

Par ce que les Compagnies mutuelles n'ont pas d'actionnaires, et par conséquent ne se préoccupent pas de faire monter leurs actions dans un but d'agiotage.

Elles ont des frais généraux moindres ; des frais d'administration moins élevés Elles n'ont pas à rétribuer tout un état major d'employés. Je connais même une Société anonyme où le Conseil d'Administration touche 30.000 francs par an, en sus des jetons de présence.

La mutualité fait donc bénéficier les sociétaires de cette réduction, en diminuant les primes.

J'ai souvent entendu dire que la mutualité laissait la porte ouverte à un éventuel appel de fonds, inconvénient que l'on n'avait pas avec une Société anonyme.

Qui de vous, depuis qu'il est assuré, n'a pas subi de la part des compagnies anonymes deux ou trois augmentations de prime. L'agent n'est-il pas venu vous trouver, vous disant que sa compagnie ne pouvait continuer au même taux de prime et menaçant de résilier votre contrat si vous n'acceptiez pas. Ces augmentations vous les avez subies.

Quelle différence dès lors, permettez-moi de vous le demander, faites-vous entre les Sociétés anonymes et les Sociétés mutuelles ? Le résultat n'est-il pas le même ?

Il y a seulement une nuance dans la façon de procéder, les Sociétés anonymes s'adressent individuellement à chaque assuré, tandis que les Sociétés mutuelles, selon le vœu de la loi, procèdent par Assemblée générale.

Toutefois ces dernières au lieu de procéder par Assemblée générale, ont laissé au Conseil d'Administration toute latitude touchant les risques et les circonstances qui nécessitent une surélévation de tarif. Dès lors, les deux formes d'assurances agissent de la même façon, s'adressent individuellement à chaque assuré. **La même incertitude sur le taux des primes existe donc chez chacune d'elles.**

Vous me direz encore qu'une Société, ayant son siège à Paris et rayonnant dans toute la France, fait une moyenne des risques et ne les localise pas.

Je répondrai que les Compagnies d'assurances contre les accidents, comme les Compagnies d'assurances contre les incendies, appliquent leurs tarifs suivant l'expérience des localités. Jamais elles n'avantageront une ville au détriment de celles donnant du bénéfice. L'esprit de concurrence est là pour chaque Compagnie. Rechercher le bon risque et faire payer cher le mauvais.

J'affirme donc que les risques locaux servent à l'établissement des primes locales.

Je donne ci-après le relevé des opérations des Compagnies anonymes, auquel je me suis livré pendant les cinq dernières années 1892-97. Il en ressort que la moyenne des frais généraux, Commissions, dividendes, a été de 40.58 o/o. Vous remarquerez que ces Compagnies n'ont appliqué à leurs réserves que 1.89 o/o des primes (9.54-7.65).

La mutualité s'offre donc, s'impose même. Avec elle, Messieurs les industriels pourront se rendre compte des conséquences de la nouvelle loi. Ils n'auront pas à supporter les gros frais généraux, les frais d'administration des Compagnies anonymes et les gros dividendes à distribuer.

L'idée de Mutualité a rallié à elle, depuis un quart de siècle, la grande majorité de nos économistes, de nos penseurs et de nos hommes politiques. Elle est le *Credo* absolu, et, au cours de la discussion relative aux assurances agricoles, M. Méline pouvait dire avec une grande vérité et une admirable concision d'expression : **La Mutualité, c'est la solution pacifique du problème social.** Ch. des D., 25 fév. 1898, page 860, col. 1.

La mutualité s'étend, se développe tous les jours, sous toutes les formes : Sociétés de secours, de prévoyance, Assurances, Syndicats agricoles, etc. On a été obligé de reconnaître que « l'Union fait la force ».

En ce qui concerne les accidents, nos législateurs ont été frappés des résultats de certaines Mutuelles-Accidents, créées en France et ils ont escompté certainement cette prévision que les industriels, pour diminuer les charges, résultant de la nouvelle loi, formeraient entre eux des Syndicats, des Associations, des Mutuelles ; car le taux de prime de ces mutuelles professionnelles existantes, est de beaucoup plus bas que celui que demanderaient les Sociétés anonymes et en en recherchant la cause, on la trouve dans leur compte-rendu par l'économie des frais d'administration, des frais généraux et pas d'action à rétribuer.

Je citerai entre autres : la *Chambre syndicale des Entrepreneurs de maçonnerie de la Seine*. En 1891, l'industrie métallurgique créait à Paris la *Caisse syndicale d'assurance mutuelle des Forges de France contre les accidents du travail*. Cinq années plus tard, les industries textiles créaient une institution similaire. Au 31 décembre 1896, la Caisse Syndicale des Forges avait reçu des sociétaires des cotisations dont le montant total s'élevait pour la dite année à un million de francs (1). Elle comptait 48 établissements sociétaires et a employé 58.353 ouvriers assurés, représentant 70 millions de salaires annuels. La Caisse des Textiles, plus jeune, embrassait 33.000 ouvriers et 40 millions de salaires annuels. C'est, pour les deux mutualités, environ 90.000 ouvriers assurés et 110 millions de salaires.

Tous les ans depuis que la présente loi était en discussion dans nos assemblées législatives, des Sociétés mutuelles se sont créées.

Malheureusement à mon sens, elles ont eu le tort de se limiter aux risques de leurs professions. Elles n'ont pas les éléments des Compagnies de chemins de fer ou encore ceux de la Société des Forges de France, pour fonder une Société mutuelle importante, n'assurant qu'un seul risque.

Je suis donc certain, et tout le monde en conviendra avec moi, que les nombreuses industries marseillaises doivent s'associer, se syndiquer entre elles et qu'on doit arriver à former une Société mutuelle puissante.

Je citerai encore le passage suivant de la séance du 3 Mars 1898, dans laquelle M. Le Cour Grandmaison, sénateur, s'exprimait ainsi :

J'aime à penser, au contraire, que les industriels français auront assez le souci de leur liberté, le sentiment de leur dignité pour rompre avec des habitudes un peu trop individualistes et que les Syndicats patronaux n'hésiteront pas à constituer partout des mutualités, des corporations d'assurance qui enlèveront à l'Etat tout prétexte de venir se mêler de l'assurance contre les accidents.

Je sais que les grandes associations de patrons ont déjà constitué des caisses de ce genre, qui fonctionnent admirablement, et j'espère qu'ils ne refuseront pas d'admettre les petits industriels dans leur mutualité, il dépendra d'eux de prendre ainsi une initiative féconde qui coupera court à toutes les tentatives du socialisme d'Etat et aboutira à un véritable mouvement de décentralisation et de liberté. (Nouvelle approbation).

---

(1) La Caisse Syndicale des Forges de France n'assure pas le cas d'incapacité temporaire, mais seulement le cas de mort et d'infirmité.

Voilà ce que j'attends de cette loi et ce qui me réconcilierait dans une certaine mesure avec des charges que je considère comme excessives. La rigueur extrême avec laquelle vous appliquez le risque professionnel rendra absolument nécessaire la constitution rapide de ces mutualités sans lesquelles les petites industries se verraient menacées d'une ruine certaine et vous rétablissez ainsi en fait l'assurance obligatoire que vous n'avez pas voulu inscrire dans la loi, en rendant obligatoire le groupement professionnel que nous considérons comme nécessaire aussi bien dans l'ordre social que dans l'ordre économique, On s'associera librement, mais il faudra s'associer sous peine de mort.

Voilà le sens de cette loi, et j'espère qu'elle sera une nouvelle garantie de la plus précieuse de nos libertés, la liberté d'association.

J'espère fermement que cette loi nous conduira dans cette voie de l'organisation professionnelle libre dans laquelle je voudrais voir notre pays entrer avec plus de résolution.

J'ajouterai que vous conserverez ainsi toujours cette force, cette union nécessaires à la lutte, à la revendication, à la sauvegarde de vos droits, de vos intérêts et de vos convictions légitimes, résultant de l'expérience personnelle. Car si chacun de vous s'assure à l'une des dix Compagnies fonctionnant, vos plaintes, vos réclamations auprès des assemblées législatives ne seront pas écoutées ; et vous subirez la situation que vous feront les Compagnies anonymes, car vous serez dispersés parmi toutes ces Compagnies ; **elles exerceront sur vous une pression et vous ne pourrez vous constituer en Mutualité.**

Au contraire, profitant aujourd'hui de votre liberté vous pouvez fonder une Société mutuelle. Vous resterez toujours libres d'agir suivant ce que l'expérience vous démontrera. A vous d'insérer ou de ne pas insérer les clauses de déchéances qu'insèrent les Compagnies dans leurs polices, et qui, avec la nouvelle loi, peuvent placer l'industriel dans une situation ruineuse, si par application de la loi, il lui est refusé par la Compagnie, de prendre son lieu et place, pour le paiement des rentes prévues par la loi. **Quelle sera la situation de l'industriel ? espérons que les règlements d'administration publique prévoieront ce cas très grave.** Et si à un moment donné il faut modifier la loi, croyez bien qu'avec vos statistiques désintéressées, vous aurez plus de force qu'une Société anonyme. Comme l'on dit, vous vous sentirez les coudes, étant réunis en Syndicat pour toutes les branches industrielles de Marseille. D'ailleurs n'appréciez vous pas tous les jours les excellents résultats de vos Syndicats professionnels, ou l'union fait la force ? Je suis certain qu'il en sera de même de cette Société mutuelle, que vous pourrez appeler Syndicat Industriel de Marseille.

Les industriels des départements voisins, n'ayant pas les éléments suffisants pour former une Société mutuelle, seront heureux de l'initiative prise par la haute industrie Marseillaise. En venant s'associer avec vous, ils bénéficieront des avantages de votre Société et pourront eux aussi, faire face, aux charges énormes qui incombent, désormais à tout industriel.

Cela est si vrai qu'une Société locale aura toujours les faveurs et les préférences parmi vous et dans la région, que je citerai le fait suivant :

En 1874, lors de la création encore récente en France de l'assurance contre les Accidents, sous l'inspiration de notables industriels, intelligents et dévoués de nos principales branches d'industries locales, il se fonda à Marseille le 12 mai 1874 une Société mutuelle, qui fonctionna jusqu'en 1878. Cette Société avait assuré plus de dix millions de salaires annuels. Elle avait toutes les sympathies de nos industriels, ainsi que je puis le prouver. J'ai la liste de tous les assurés de cette époque. Je puis affirmer que la savonnerie, l'huilerie, la minoterie, la stéarinerie, brasserie, etc., etc., avaient opté pour cette mutuelle Marseillaise.

Comment un si grand nombre d'industriels ont-ils pu immédiatement s'associer ? C'est qu'à ce moment l'assurance-accidents était à son début ; l'ouvrier était moins exigeant, les tribunaux étaient moins sévères, les industriels hésitaient encore à s'assurer, et n'étaient pas assurés. Depuis le remplacement de la main d'œuvre par les machines, les exigences des ouvriers, la sévérité des tribunaux, ont donné à l'assurance ce grand développement.

Cette Société, dis-je, assurait plus de dix millions de salaires annuels ; et aujourd'hui par l'assurance-accidents qui s'impose, on peut espérer qu'une nouvelle Société assurerait au moins trente à quarante millions de salaires annuels. D'ailleurs il serait facile de connaître approximativement l'importance de la main-d'œuvre annuelle à Marseille que pour ma part, j'évalue à plus de 100 millions dans l'industrie.

Cette Société aurait vécu si les industriels à ce moment n'avaient pas supposé que les ouvriers et les tribunaux ne modifieraient rien à l'état des choses, et dès lors préférèrent dissoudre la Société que de relever sensiblement le tarif.

Ce qu'ils n'ont pas osé faire, les Compagnies anonymes le leur ont imposé. En effet, cette Société assurait la minoterie à 0,60 p. 100 des salaires, la savonnerie à 0,50 p. 100 des salaires, l'huilerie à 0,60 p. 100 des salaires. Aujourd'hui, les Compagnies anonymes demandent en moyenne trois fois plus, soit 1,80 p. 100 des salaires.

Vous voyez, que cette Société n'a succombé que par crainte d'une défectuosité de la mutualité. On est allé aux Compagnies anonymes qui se multiplièrent à ce moment et firent payer non seulement les mêmes taux, mais encore des taux plus élevés que ceux demandés par ladite Société mutuelle.

Mais, aujourd'hui, indépendamment de la question des obligations des patrons, il y a aussi une question privée qui se rattache à l'industrie et à l'assurance, du moment où le gouvernement s'initie dans les rapports entre patrons et ouvriers. Si vous voulez être forts, défendre vos droits, vos intérêts, restez unis.

La nouvelle loi malheureusement triple, quadruple les primes ; et si vous voulez diminuer vos charges dans vos nouvelles obligations vis-à-vis des ouvriers victimes d'accidents, inspirez-vous du passé qui peut vous servir d'exemple et restez vos maîtres, vos juges. Je suis certain que les principaux centres industrieux de France formeront aussi une mutuelle. Marseille ne peut ni ne doit rester en arrière. La création d'une Société locale s'impose donc, et je serai très heureux et très honoré si avec l'aide de dévoués et d'honorables industriels, je peux doter ma ville natale d'une Société digne de son importance industrielle et commerciale.

Dans ma longue carrière de vingt-quatre années d'inspection dans vingt-six départements du sud de la France, j'ai acquis une expérience et une pratique des assurances-accidents que je mets à la disposition des industriels marseillais.

Je dois ajouter que je me suis retiré de la Compagnie à laquelle j'étais attaché depuis quatorze années comme inspecteur, en vue de la situation que fait la nouvelle loi aux industriels.

En attendant la réalisation de ce projet, que va-t-il advenir des polices d'assurances collectives qui ont été souscrites avant le vote de la loi et qui seront encore en cours le jour de la mise en vigueur de la nouvelle loi ?

En conformité de son article 33, cette loi ne sera applicable que 3 mois après la publication officielle des décrets d'administration publique visés par les articles 26,

27, 28 et 29 qui doivent en régler l'exécution. Dès lors, on ne peut rien préjuger et je ne puis, dans ce court exposé des avantages de la mutuelle-accidents sur l'anonymat-accidents, m'engager dans une discussion qui serait longue en présence des nombreux cas qui peuvent et doivent se présenter.

A l'heure actuelle, il est certain que la nouvelle loi a nettement établi le risque professionnel, qu'elle introduit de grands changements dans le régime de la responsabilité patronale et qu'elle vient par contre-coup modifier sensiblement les bases des assurances collectives ouvrières actuellement en cours.

Ce qu'il y a de certain, et ceci, parce qu'elles y ont tout intérêt, c'est que les Compagnies d'assurances s'efforceront par tous moyens de procédure ou autres de retenir leurs assurés et les contraindre ainsi au remaniement de leurs polices.

Les Compagnies ont donc tout intérêt à ne pas déclarer leurs polices nulles ou caduques par suite de la nouvelle loi. **Car en rendant la liberté à leurs assurés, elles redoutent que ceux-ci n'en profitent pour former aussitôt des Syndicats de garantie, des associations ou des mutuelles.**

C'est ce que les règlements d'administration publique nous apprendront sans doute : car ils ne sauraient négliger d'envisager la situation des industriels qui sont liés, actuellement, par des polices d'assurances.

Cette question semble déjà préjugée dans le troisième paragraphe de l'article 27 ainsi conçu : Les Syndicats de garantie seront soumis à la même surveillance et **un règlement d'administration publique déterminera les conditions de leur création et de leur fonctionnement.**

Je le répète, puisque l'article 27, soumet les Compagnies d'assurances mutuelles ou à primes fixes à la surveillance et au contrôle de l'Etat, et les astreint à constituer des réserves ou cautionnements, pourquoi les assurés ne reprendraient-ils pas leur liberté d'action et n'étudieraient-ils pas ce qu'il leur convient de faire pour leurs intérêts.

Suivant l'article 33, la présente loi sera applicable trois mois après la publication officielle des décrets d'administration publique qui doivent en régler l'exécution ; et il est probable que sa mise en vigueur aura lieu le 1er janvier 1899.

Pendant cette période de trois mois, les Compagnies ne négligeront rien pour remanier leurs polices en mettant celles-ci en harmonie avec le nouvel état de choses, créé par l'application de la loi.

Dès lors, il n'y a pas de temps à perdre, les Compagnies travaillant dès maintenant à cet avenir, voulant se tenir prêtes à entrer en campagne dès la publication officielle des règlements d'administration publique, **qui doivent devancer de trois mois l'application de la loi ; de votre côté prenez de suite une détermination.**

Ma conviction entière, est que les industriels dont les contrats expirent l'année prochaine doivent, dès maintenant, en assurer la résiliation, pour conserver toute liberté d'action le jour de la mise en vigueur de la loi et ne point s'exposer à soutenir des procès en annulation de leurs contrats.

C'est, avec plaisir, que je me tiens à la disposition des industriels pour leur fournir tous renseignements sur l'examen immédiat de leurs polices d'assurances, sur l'application et les conséquences de la nouvelle loi et aussi et surtout sur la création d'un Syndicat de garantie Marseillais pour parer à toutes éventualités.

La situation est assez grave ! pour ma part je l'aurai signalée.

J.-L. RICOU
Inspecteur d'Assurances
24ᶜ ANNÉE D'EXERCICE.

SOCIÉTÉS ANONYMES (11 Compagnies)

ANNÉES	PRIMES	SINISTRES	Pour 0/0	COMMISSIONS	Pour 0/0	FRAIS GÉNÉRAUX	Pour 0/0	BÉNÉFICES	Pour 0/0	SOMMES distribuées aux Actionnaires	Pour 0/0
1892	17.073.395	9.926.086	58.14	3.176.466	18.60	2.613.457	15.30	1.357.386	7.96	1.080.900	6.35
1893	18.229.779	10.367.558	56.92	3.341.864	18.33	2.683.323	14.72	1.837.034	10.03	1.334.800	7.35
1894	19.600.945	11.226.029	57.27	3.603.941	18.39	2.811.557	14.36	1.959.418	9.98	1.528.800	7.85
1895	20.850.081	11.867.275	56.91	3.888.663	18.65	2.845.239	13.64	2.248.904	10.80	1.728.800	8.35
1896	22.644.739	13.216.759	58.38	4.399.297	19.43	3.003.588	13.27	2.025.095	8.92	1.843.000	8.15
	98.398.939	56.603.707	57.52	18.410.231	18.68	13.957.164	14.25	9.427.837	9.54	7.516.300	7.65

SOCIÉTÉ MUTUELLE [1]
La PRÉSERVATRICE [2]

1892	2.484.174	1.635.305	65.83	322.943	13 »	412.319	16.59	113.607	4.58		
1893	2.550.985	1.721.186	67.47	331.628	13 »	382.638	14.99	115.533	4.54		
1894	2.555.983	1.772.122	69.33	332.226	13 »	398.226	15.58	53.409	2.09		
1895	2.572.276	1.764.711	68.60	334.396	13 »	396.014	15.39	77.155	3 »		
1896	2.648.581	1.796.043	67.81	343.056	13 »	401.556	15.16	107.926	4.03		
	12.811.999	8.689.367	67.80	1.664.249	13 »	1.990.753	15.54	467.630	3.728		

(1) Les autres sociétés mutuelles ne donnent pas régulièrement aux journaux leurs comptes-rendus pour permettre de faire une statistique.
(2) Celle-ci comprend exclusivement l'assurance ouvrière, tandis que La Préservatrice anonyme fait l'assurance individuelle et chevaux et voitures.

COURS DES ACTIONS DES COMPAGNIES D'ASSURANCES (AVRIL 1898)

ANNÉE DE LA CRÉATION	CAPITAL SOCIAL	VALEUR NOMINALE des ACTIONS	VERSÉ en NUMÉRAIRE	NOMS DES COMPAGNIES CLASSÉES PAR ORDRE ALPHABÉTIQUE	DIVIDENDES (nets d'impôts) pour l'Année 1986	DERNIER COURS
1881	4.000.000	500	125	L'Abeille	12.—	620
1881	6.000.000	500	125	Caisse générale des Familles	»	85
1876	3.000.000	500	125	Cie Générale d'Assurances	»	5
1883	6.000.000	500	500	L'Éternelle	»	100
1880	5.000.000	500	125	Le Patrimoine	4.50	160
1864	5.000.000	1000	250	La Préservatrice (anonyme)	70.—	2250
1880	2.000.000	500	250	La Prévoyance	25.—	650
1880	5.000.000	500	125	La Providence	26.—	820
1880	10.000.000	500	125	Le Secours	7.68	240
1880	10.000.000	500	125	Le Soleil-Sécurité Générale	20.64	635
1880	6.000.000	500	125	L'Urbaine et La Seine	18.—	585
1890	2.600.000	500	125	L'Union Industrielle du Nord	10.05	300

COMPAGNIES ÉTRANGÈRES

1853	3.000.000	2000	300	La Royale Belge (1)	28 —	425
1875	5.000.000	1000	200	Société Suisse de Winterthur (2)	57.—	1750
	5.000.000	1000	300	Zurich (3)	75 —	2350

(1) Cette Compagnie, avec le même capital, assure sur la vie et contre les accidents.
(2) (3) Ces deux Compagnies opèrent dans toute l'Europe et leurs portefeuilles se composent principalement d'assurances diverses en dehors de l'assurance ouvrière.

DU MÊME AUTEUR

Recueil judiciaire en matière d'Assurances contre les Accidents, 3 vol. gr. in-8º, 1881-1888-1893.

A chacun de nous l'Assurance individuelle est indispensable, brochure in-8º, illustrée, 1882, tirée à **60.000** exemplaires pour l'usage de dix Compagnies.

www.ingramcontent.com/pod-product-compliance
Lightning Source LLC
Chambersburg PA
CBHW060529200326
41520CB00017B/5183